Impressum
Verlag: BABADADA GmbH, Nedderfeld 112 , 22529 Hamburg
Geschäftsführer / Verlagsleitung: Harald Hof
Druck: Books on Demand GmbH, In de Tarpen 42, 22848 Norderstedt

Imprint
Publisher: BABADADA GmbH, Nedderfeld 112 , 22529 Hamburg, Germany
Managing Director / Publishing direction: Harald Hof
Print: Books on Demand GmbH, In de Tarpen 42, 22848 Norderstedt

школа
學校

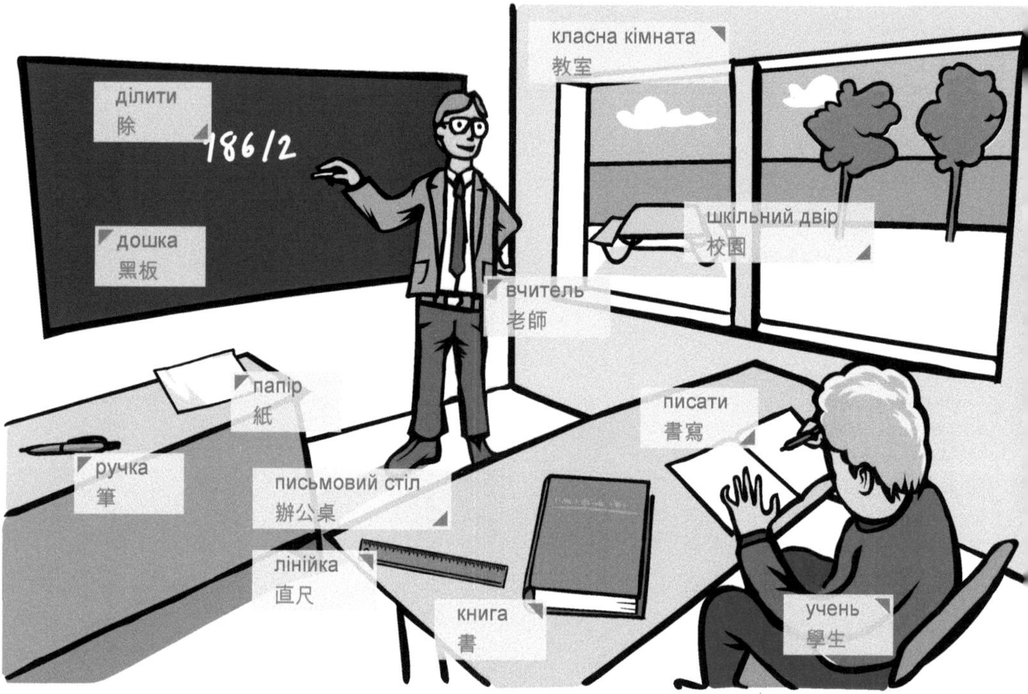

класна кімната
教室
ділити
除
186/2
дошка
黑板
вчитель
老師
шкільний двір
校園
папір
紙
писати
書寫
ручка
筆
письмовий стіл
辦公桌
лінійка
直尺
книга
書
учень
學生

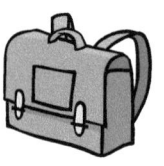

ранець

書包

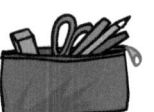

пенал

鉛筆盒

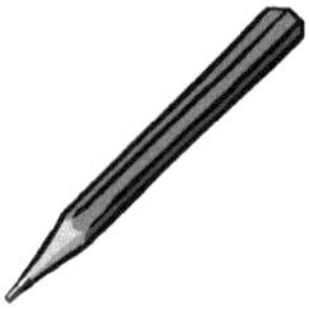

олівець

鉛筆

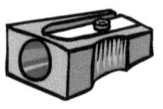

точило

削鉛筆機

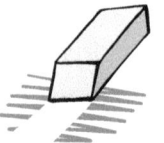

гумка

橡皮擦

альбом для малювання

畫板

малюнок

圖畫

пензель

畫筆

коробка фарб

顏料盒

ножиці

剪刀

клей

膠水

зошит

練習冊

домашнє завдання

家庭作業

12

число

數字

2+2

додавати

加

5-2

віднімати

減

2×2

множити

乘

рахувати

計算

літера

字母

ABCDEFG
HIJKLMN
OPQRSTU
VWXYZ

абетка

字母表

hello

слово

字

текст

課文

читати

讀

крейда

粉筆

година

上課

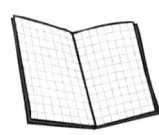

класний журнал

登記

екзамен

考試

диплом

證書

шкільна форма

校服

освіта

教育

лексикон

百科全書

університет

大學

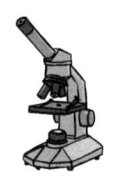

мікроскоп

顯微鏡

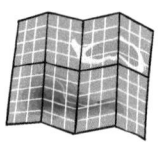

карта

地圖

кошик для паперу

廢紙簍

готель
飯店

Grand

турбаза
青年旅社

ROOMS

обмінний пункт
外幣兌換處

EXCHANGE

валіза
手提箱

автомобіль
汽車

мова
語言

так / ні
是/否

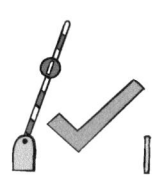

добре
好的

привіт
您好

перекладач
翻譯人員

дякую
謝謝

Скільки коштує ...?

......多少錢？

Я не розумію

我不明白

проблема

問題

Добрий вечір!

晚上好！

Доброго ранку!

早上好！

На добраніч!

晚安！

До побачення

再見

напрямок

方向

багаж

行李

сумка

包

рюкзак

背包

гість

客人

кімната

房間

спальний мішок

睡袋

намет

帳篷

туристична інформація

旅行資訊

пляж

海灘

кредитна картка

信用卡

сніданок

早餐

обід

午餐

вечеря

晚餐

квиток

票

ліфт

電梯

поштова марка

郵票

межа

邊界

митниця

海關

посольство

大使館

віза

簽證

паспорт

護照

транспорт
交通運送

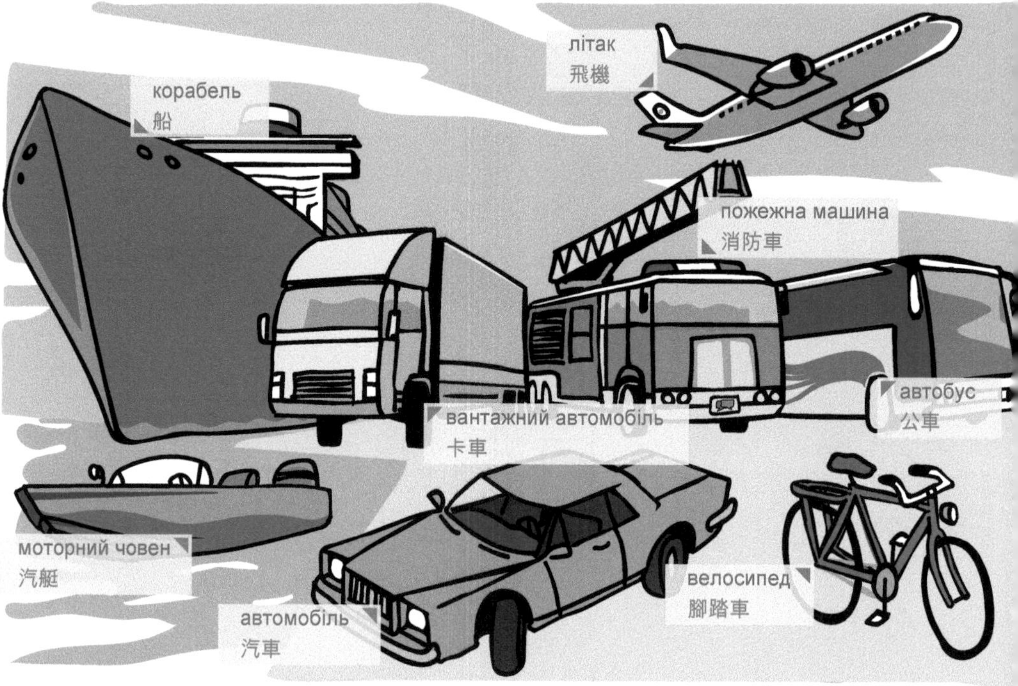

літак
飛機

корабель
船

пожежна машина
消防車

автобус
公車

вантажний автомобіль
卡車

моторний човен
汽艇

велосипед
腳踏車

автомобіль
汽車

пором
渡輪

човен
小船

мотоцикл
機車

поліцейська машина
警車

гоночний автомобіль
賽車

автомобіль на прокат
租車

пільне користування авто

拼車

евакуатор

拖車

сміттєвоз

垃圾車

двигун

馬達

паливо

汽油

автозаправна станція

加油站

дорожній знак

交通標識

рух

交通

затор

交通堵塞

стоянка

停車場

вокзал

火車站

рейки

軌道

потяг

火車

трамвай

路面電車

вагон

客車廂

гелікоптер

直升機

аеропорт

機場

вежа

塔

пасажир

乘客

контейнер

集裝箱

коробка

紙板箱

візок

手推車

кошик

籃子

стартувати / приземлятися

起飛/降落

МІСТО

城市

село

村莊

центр міста

市中心

дім

房子

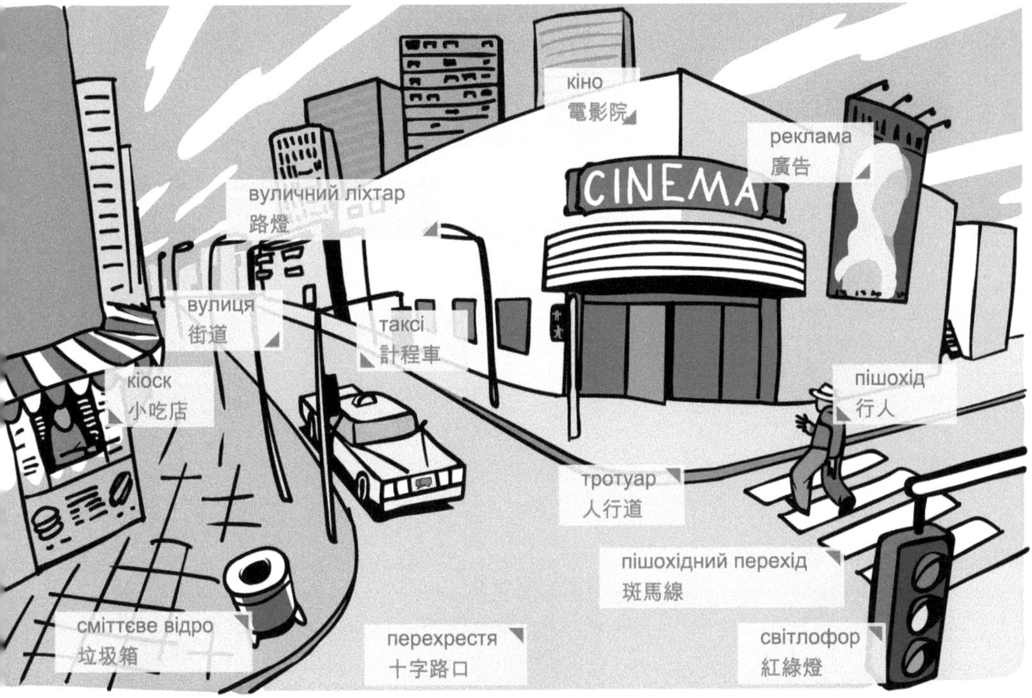
кіно
電影院
реклама
廣告
CINEMA
вуличний ліхтар
路燈
вулиця
街道
таксі
計程車
кіоск
小吃店
пішохід
行人
тротуар
人行道
пішохідний перехід
斑馬線
сміттєве відро
垃圾箱
перехрестя
十字路口
світлофор
紅綠燈

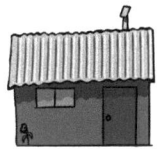

хатина

小屋

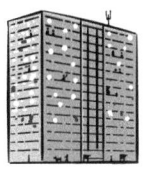

квартира

公寓

вокзал

火車站

ратуша

市政廳

MUSEUM

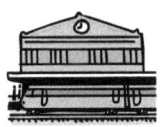

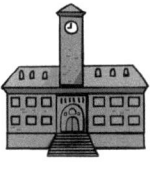

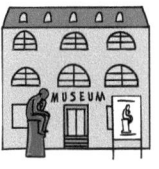

музей

博物館

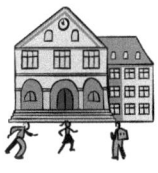

школа

學校

університет

大學

банк

銀行

лікарня

醫院

готель

飯店

аптека

藥房

офіс

辦公室

книжковий магазин

書店

магазин

商店

квітковий магазин

花店

супермаркет

超市

ринок

市場

універмаг

百貨商店

торговець рибою

魚店

торговельний центр

購物中心

гавань

海港

парк

公園

лава

長凳

міст

橋

сходи

樓梯

метро

捷運

тунель

隧道

автобусна зупинка

公車站

бар

酒吧

ресторан

餐館

поштова скринька

郵筒

вулична табличка

路標

лічильник паркування

停車計時器

зоопарк

動物園

басейн

游泳池

мечеть

清真寺

ферма

農場

забруднення
навколишнього
середовища

污染

кладовище

墓地

церква

教堂

дитячий майданчик

操場

храм

寺廟

ландшафт

地形

листок
樹葉

вказівний стовп
指示牌

шлях
路

луг
草地

камінь
石頭

дерево
樹

мандрівник
徒步旅行者

річка
河

трава
草

квітка
花

долина

峽谷

гора

丘陵

озеро

湖

ліс

森林

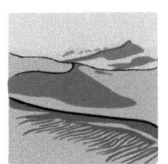

пустеля

沙漠

вулкан

火山

замок

城堡

веселка

彩虹

гриб

蘑菇

пальма

棕櫚樹

комар

蚊子

муха

蒼蠅

мурашка

螞蟻

бджола

蜜蜂

павук

蜘蛛

жук

甲蟲

жаба

青蛙

вивірка

松鼠

їжак

刺蝟

заєць

野兔

сова

貓頭鷹

птах

鳥

лебідь

天鵝

кабан

野豬

олень

鹿

лось

麋鹿

гребля

水壩

вітряк

風力發電機

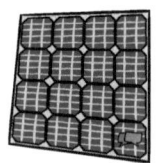

сонячний модуль

太陽能電池板

клімат

氣候

ресторан
餐館

офіціант
服務生
меню
菜譜
стілець
椅子
суп
湯
піца
披薩餅
столові прилади
餐具
скатертина
桌布

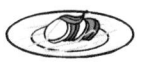

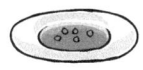

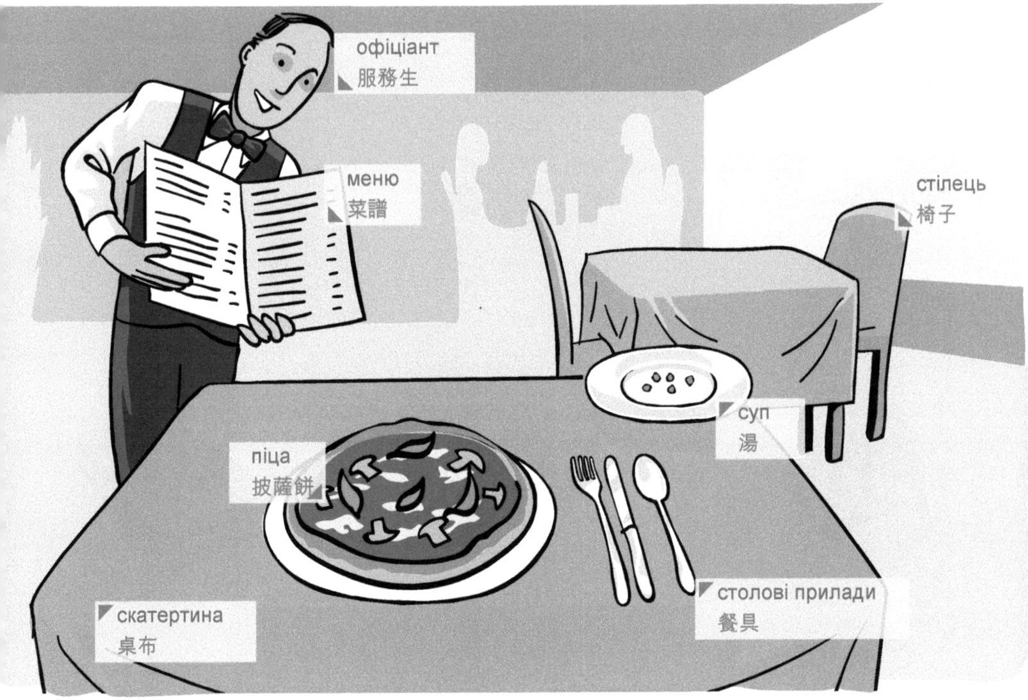

закуска

前菜

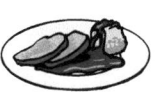

друга страва

主菜

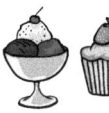

десерт

甜點

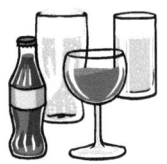

напої

飲料

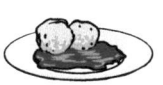

їжа

食物

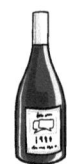

пляшка

瓶子

фаст-фуд

速食

вулична їжа

街邊小吃

чайник

茶壺

цукорниця

糖盒

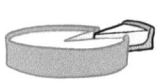

порція

一份飯菜

еспресо-машина

義式咖啡機

високий стільчик

高腳椅

рахунок

帳單

піднос

托盤

ніж

刀

вилка

餐叉

ложка

勺子

чайна ложка

茶匙

серветка

餐巾

склянка

玻璃杯

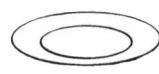

тарілка

碟子

тарілка для супу

湯盤

блюдце

碟子

соус

醬

солонка

鹽瓶

млин для перцю

胡椒研磨罐

оцет

醋

масло

食用油

спеції

調味料

кетчуп

番茄醬

гірчиця

芥末

майонез

美乃滋

супермаркет
超市

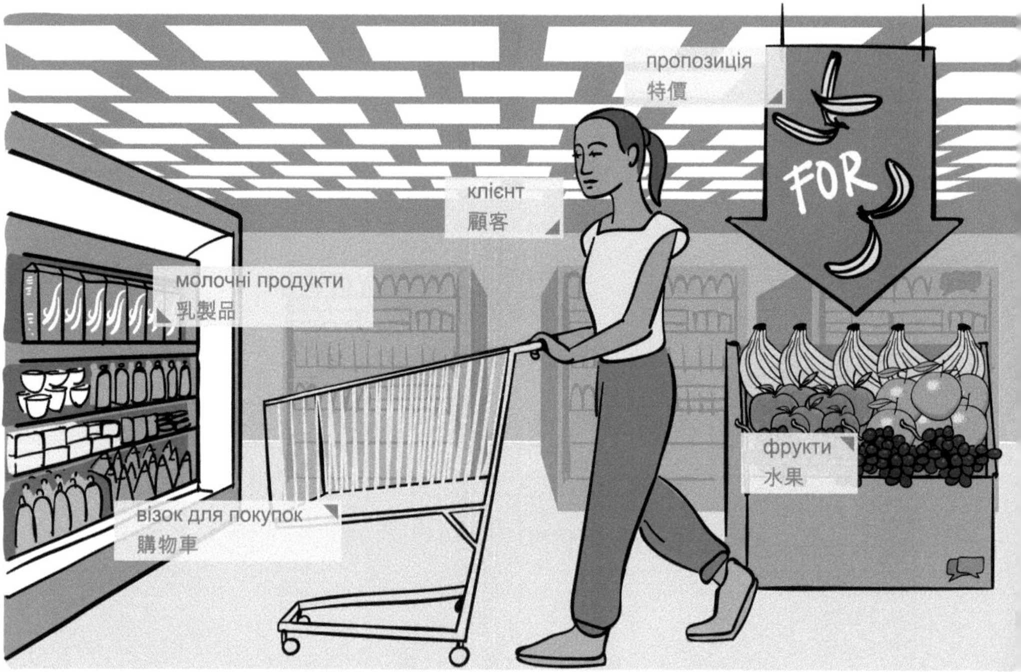

пропозиція
特價
FOR
клієнт
顧客
молочні продукти
乳製品
фрукти
水果
візок для покупок
購物車

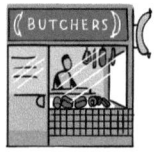

BUTCHERS
м'ясний магазин

肉鋪

BAKERY
пекарня

麵包店

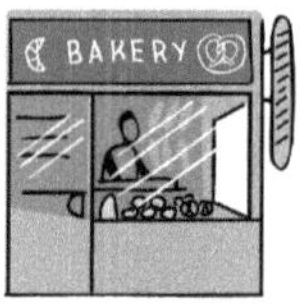

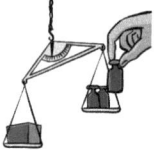

зважувати

稱重

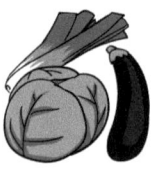

овочі

蔬菜

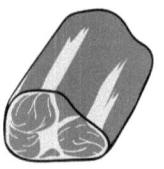

м'ясо

肉

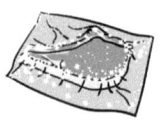

заморожені продукти

冷凍食品

ковбасна нарізка

冷盤

консерви

罐頭食品

пральний порошок

洗衣粉

солодощі

甜食

предмети домашнього побуту

日用品

мийний засіб

清潔用品

продавщиця

銷售員

каса

收銀機

касир

收銀員

список покупок

購物清單

часи роботи

開放時間

гаманець

錢包

кредитна картка

信用卡

сумка

袋子

поліетиленовий пакет

塑膠袋

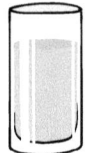

вода

水

сік

果汁

молоко

牛奶

кола

可樂

вино

紅酒

пиво

啤酒

алкоголь

酒

какао

可可

чай

茶

кава

咖啡

еспресо

義式濃縮咖啡

капучіно

卡布奇諾

банан

香蕉

яблуко

蘋果

апельсин

柳丁

кавун

西瓜

лимон

檸檬

морква

胡蘿蔔

часник

大蒜

бамбук

竹子

цибуля

洋蔥

гриб

蘑菇

горішки

堅果

локшина

麵條

спагеті

義大利麵

рис

米飯

салат

沙拉

картопля фрі

薯條

смажена картопля

炸馬鈴薯

піца

披薩餅

гамбургер

漢堡

бутерброд

三明治

шніцель

炸豬排

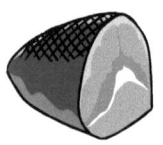

шинка

火腿

салямі

義大利臘腸

ковбаса

香腸

курка

雞肉

печеня

烤肉

риба

魚

їжа - 食物

вівсяні пластівці

燕麥片

мюслі

木斯里

кукурудзяні пластівці

玉米片

борошно

麵粉

круасан

牛角麵包

булочка

麵包捲

хліб

麵包

тостовий хліб

吐司

печиво

餅乾

масло

奶油

сир

凝乳

пиріг

蛋糕

яйце

蛋

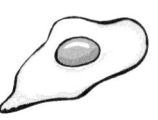

яєчня

煎蛋

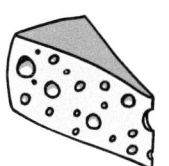

сир

起司

морозиво

冰淇淋

цукор

糖

мед

蜂蜜

мармелад

果醬

нуга-крем

巧克力醬

карі

咖哩

ферма
農場

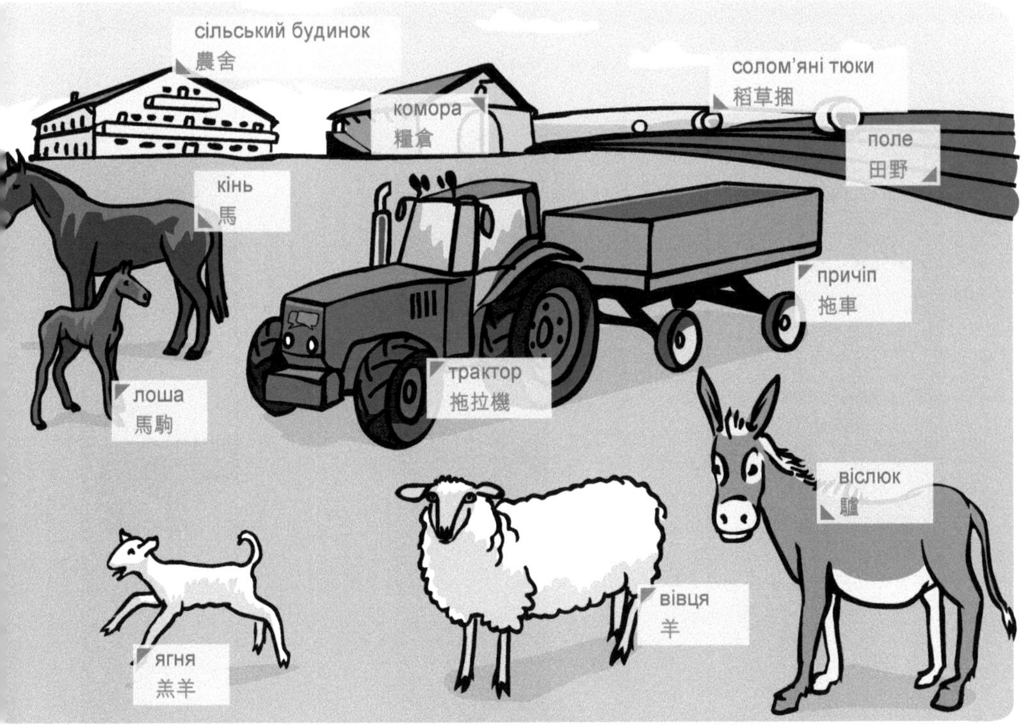

сільський будинок
農舍
комора
糧倉
солом'яні тюки
稻草捆
поле
田野
кінь
馬
причіп
拖車
трактор
拖拉機
лоша
馬駒
віслюк
驢
вівця
羊
ягня
羔羊

коза
山羊

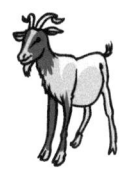

корова
奶牛

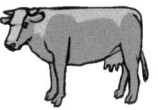

теля
小牛

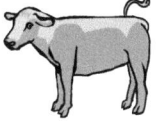

свиня
豬

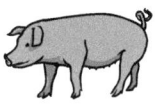

порося
小豬

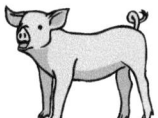

бик
公牛

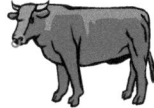

гусак

鵝

качка

鴨

курча

小雞

курка

母雞

півень

公雞

щур

鼠

кіт

貓

миша

老鼠

віл

牛

собака

狗

собача будка

狗屋

садовий шланг

花園澆水軟管

лійка

澆水壺

коса

長柄大鎌刀

плуг

犁

серп

鐮刀

мотика

鋤頭

вила

長柄草耙

сокира

斧頭

тачка

獨輪手推車

корито

飼料槽

бідон молока

牛奶罐

мішок

麻布袋

паркан

柵欄

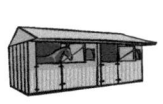

хлів

馬廄

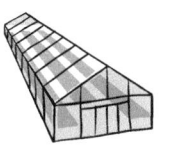

теплиця

溫室

ґрунт

土壤

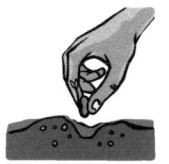

насіння

種子

добриво

肥料

комбайн

聯合收割機

ферма - 農場

пожинати

收割

урожай

收割

корінь ямсу

地瓜

пшениця

小麥

соя

大豆

картопля

土豆

кукурудза

玉米

ріпак

油菜籽

плодове дерево

果樹

маніок

樹薯

злаки

穀物

дім

房子

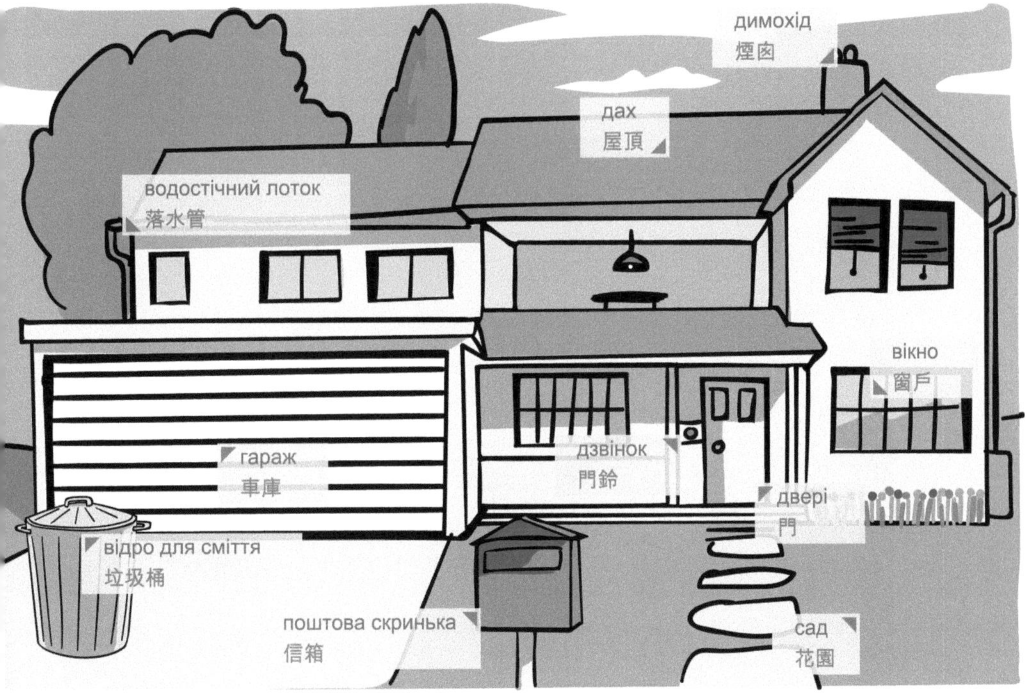
димохід
煙囪
дах
屋頂
водостічний лоток
落水管
вікно
窗戶
гараж
車庫
дзвінок
門鈴
двері
門
відро для сміття
垃圾桶
поштова скринька
信箱
сад
花園

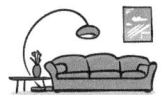

вітальня

客廳

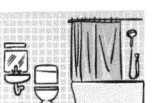

ванна кімната

浴室

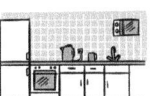

кухня

廚房

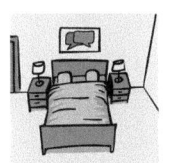

спальня

臥室

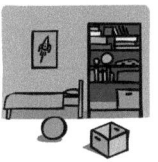

дитяча кімната

兒童房

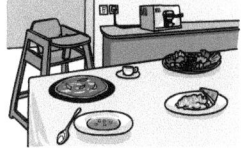

їдальня

餐廳

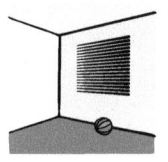

підлога

地板

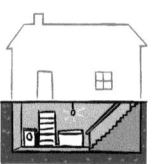

стіна

牆壁

стеля

天花板

підвал

地窖

сауна

三溫暖

балкон

陽臺

тераса

露臺

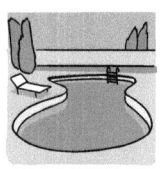

басейн

游泳池

косарка

割草機

простирало

被單

ковдра

床罩

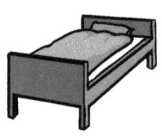

ліжко

床

мітла

掃帚

відро

水桶

перемикач

開關

вітальня
客廳

шпалери
壁紙
малюнок
相片
лампа
檯燈
поличка
擱架
шафа
櫥櫃
телевізор
電視
камін
壁爐
квітка
花
подушка
墊子
диван
沙發
ваза
花瓶
пульт
遙控器

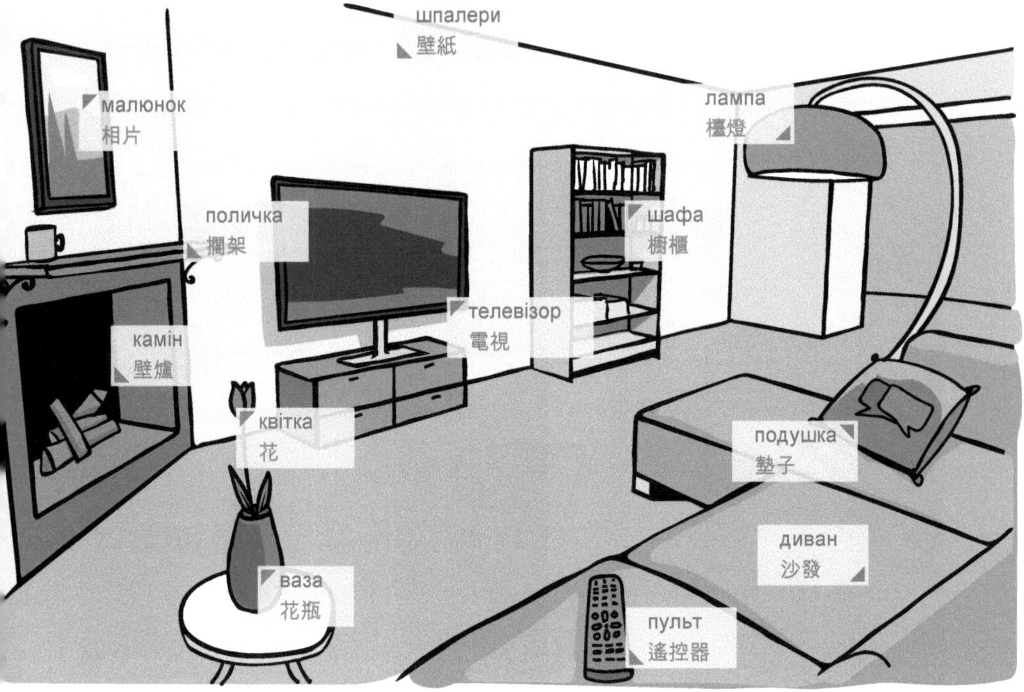

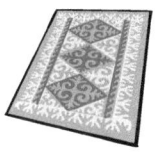

килим

地毯

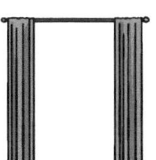

завіса

窗簾

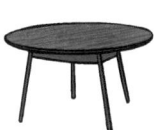

стіл

餐桌

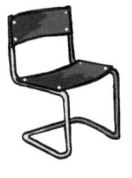

стілець

椅子

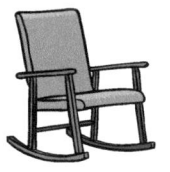

крісло-гойдалка

搖椅

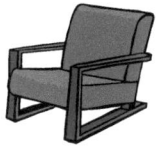

крісло

扶手椅

книга

書

ковдра

毯子

прикраса

裝飾品

дрова

木柴

фільм

電影

стереосистема

高傳真音響

ключ

鑰匙

газета

報紙

картина

油畫

плакат

海報

радіо

收音機

блокнот

筆記本

пилосос

吸塵器

кактус

仙人掌

свічка

蠟燭

кухня
廚房

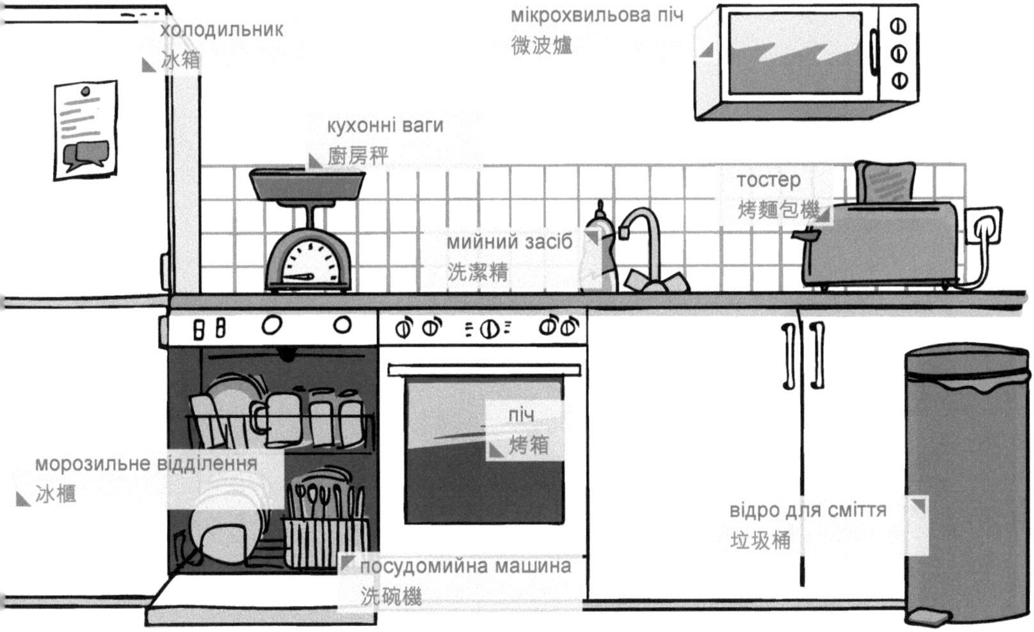
холодильник
冰箱
мікрохвильова піч
微波爐
кухонні ваги
廚房秤
тостер
烤麵包機
мийний засіб
洗潔精
піч
烤箱
морозильне відділення
冰櫃
відро для сміття
垃圾桶
посудомийна машина
洗碗機

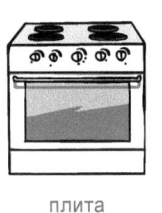

плита
炊具

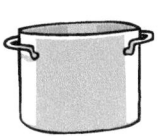

горщик
鍋

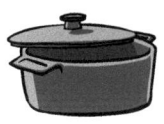

чавунний горщик
鑄鐵鍋

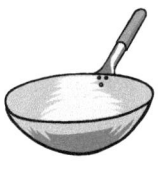

вок / кадай
炒鍋

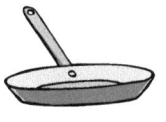

сковорода
平底鍋

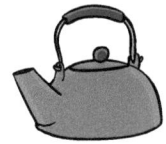

чайник
水壺

пароварка

蒸鍋

лист

烤盤

посуд

陶瓷鍋

кухоль

馬克杯

чаша

碗

палички для їжі

筷子

черпак

長柄勺

лопатка

鏟子

вінчик для збивання

攪拌器

сито

濾網

сито

篩子

терка

磨碎機

ступка

研缽

барбекю

燒烤

багаття

明火

дошка

菜板

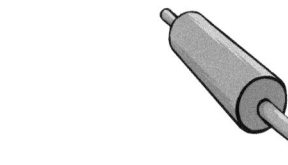

качалка

擀麵杖

штопор

開瓶器

конзерва

罐子

відкривачка

開罐器

прихватки

隔熱手套

раковина

水槽

щітка

刷子

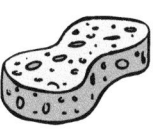

губка

海綿

міксер

攪拌機

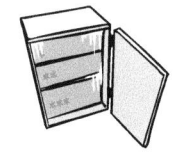

морозильна камера

冷藏箱

дитяча пляшка

奶瓶

кран

水龍頭

ванна кімната

浴室

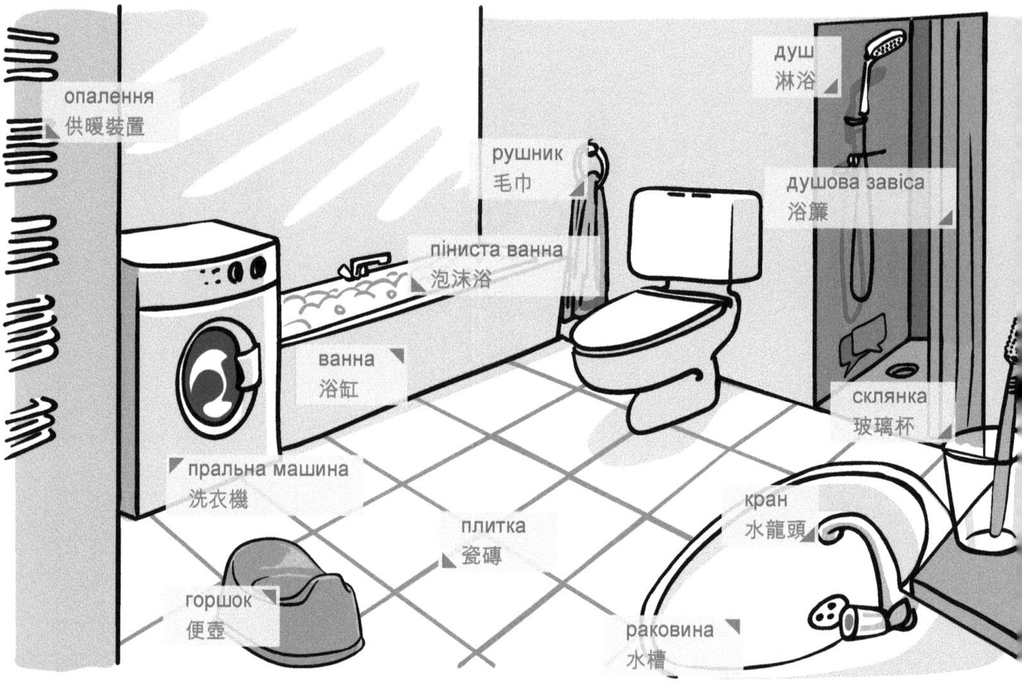

душ
淋浴
опалення
供暖裝置
рушник
毛巾
душова завіса
浴簾
піниста ванна
泡沫浴
ванна
浴缸
склянка
玻璃杯
пральна машина
洗衣機
кран
水龍頭
плитка
瓷磚
горшок
便壺
раковина
水槽

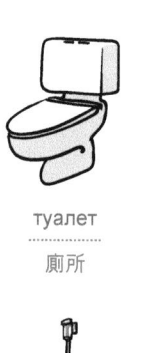

туалет

廁所

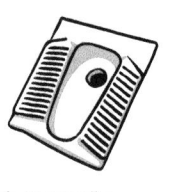

підлоговий туалет

蹲便器

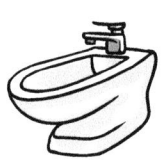

біде

坐浴器

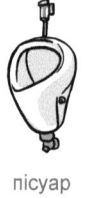

пісуар

小便斗

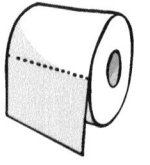

туалетний папір

廁紙

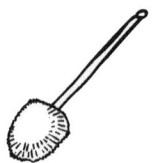

щітка для туалету

馬桶刷

зубна щітка

牙刷

зубна паста

牙膏

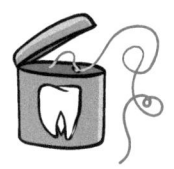

нитка для чищення зубів

牙線

мити

洗

ручний душ

手持式蓮蓬頭

інтимний душ

沖洗器

таз

洗臉盆

щітка для спини

洗背刷

мило

肥皂

гель для душу

沐浴露

шампунь

洗髮乳

мочалка

法蘭絨

водостік

排水

крем

乳霜

дезодорант

除臭劑

дзеркало

鏡子

косметичне дзеркало

手鏡

бритва

刮鬍刀

піна для гоління

刮鬍泡沫

лосьйон після гоління

鬚後水

гребінь

梳子

щітка

刷子

фен

吹風機

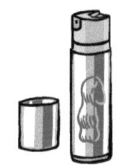

лак для волосся

噴髮定型劑

косметика

化妝品

губна помада

唇膏

лак для нігтів

指甲油

вата

化妝棉

ножиці для нігтів

指甲剪

парфум

香水

косметичка

洗漱包

табурет

凳子

ваги

計重秤

халат

浴袍

гумові рукавички

橡膠手套

тампон

衛生棉條

гігієнічні прокладки

衛生棉

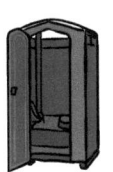

біотуалет

化學廁所

дитяча кімната

兒童房

будильник
鬧鐘
м'яка іграшка
毛絨玩具
іграшковий автомобіль
玩具車
брязкальце
撥浪鼓
ляльковий будиночок
玩具屋
подарунок
禮物

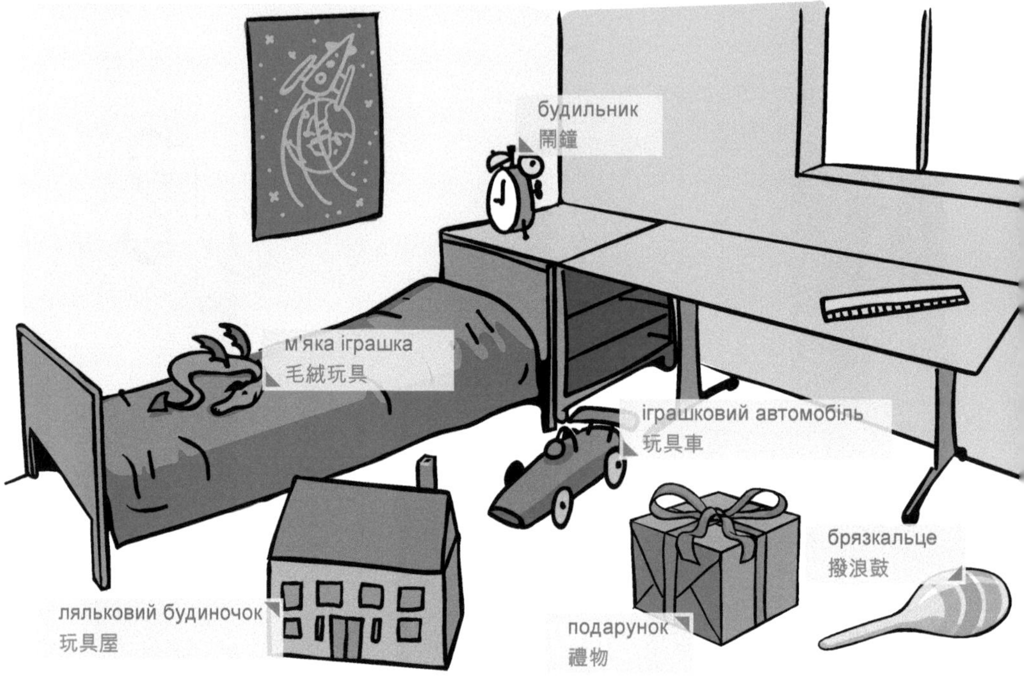

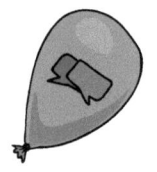

повітряна кулька

氣球

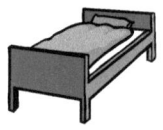

ліжко

床

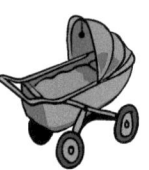

дитячий візок

嬰兒車

картярська гра

撲克牌

пазл

拼圖

SUPER MEGA

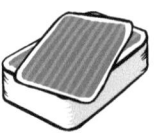

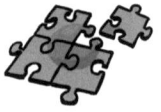

комікс

漫畫

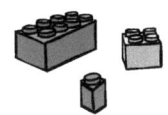

лего цеглинки

樂高積木

блоки

積木玩具

іграшкова фігурка

公仔

повзунки

嬰兒服

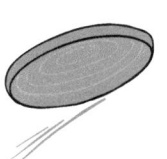

фризбі

飛盤

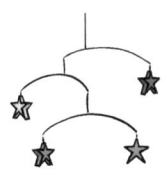

мобіле

床鈴玩具

настільна гра

棋盤遊戲

кубик

骰子

модель залізнична станція

火車模型

соска

安撫奶嘴

вечірка

派對

книжка з картинками

繪本

м'яч

球

лялька

洋娃娃

грати

玩

пісочниця

沙坑

гойдалка

鞦韆

іграшка

玩具

гральна консоль

電玩遊戲

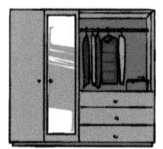

триколісний велосипед

三輪車

плюшевий мішка

泰迪熊

шафа

衣櫃

ОДЯГ

衣服

шкарпетки

襪子

панчохи

長襪

колготки

緊身褲

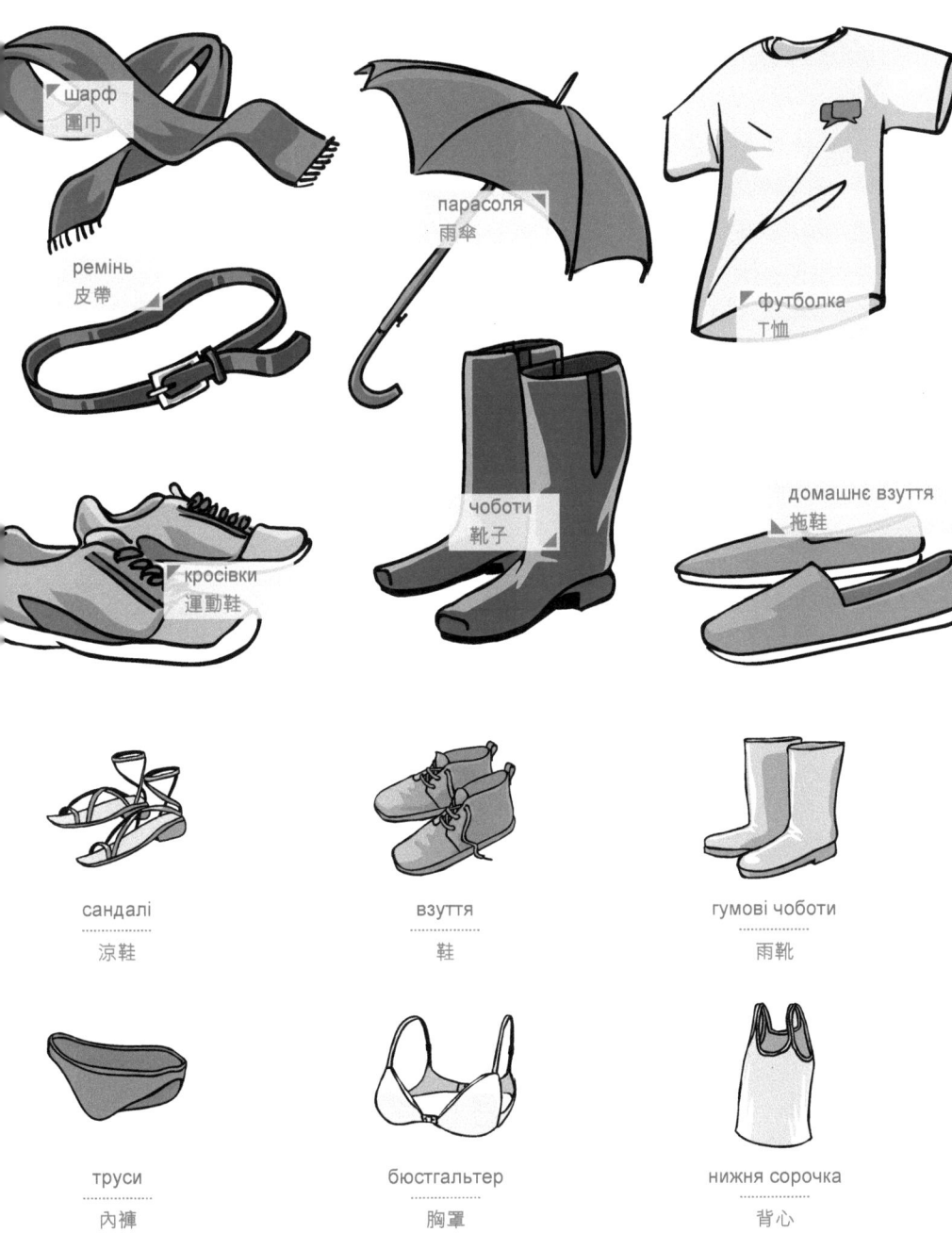

шарф
圍巾

парасоля
雨傘

футболка
T恤

ремінь
皮帶

чоботи
靴子

домашнє взуття
拖鞋

кросівки
運動鞋

сандалі
....
涼鞋

взуття
....
鞋

гумові чоботи
....
雨靴

труси
....
內褲

бюстгальтер
....
胸罩

нижня сорочка
....
背心

одяг - 衣服

боді

身體

штани

褲子

джинси

牛仔褲

спідниця

短裙

блузка

女式襯衫

сорочка

襯衫

пуловер

套頭衫

светр

連帽上衣

піджак

西裝夾克

куртка

夾克

пальто

外套

дощовик

雨衣

костюм

套裝

сукня

連衣裙

весільна сукня

婚紗

одяг - 衣服

костюм

西裝

нічна сорочка

睡袍

піжама

睡衣

сарі

莎麗

головна хустка

頭巾

чалма

包頭巾

бурка

波卡

кафтан

卡夫坦

абая

(阿拉伯式)長袍

купальник

泳衣

плавки

男式泳褲

шорти

短褲

тренувальний костюм

運動服

фартух

圍裙

рукавички

手套

гудзик

鈕扣

окуляри

眼鏡

браслет

手鏈

ланцюг

項鍊

кільце

戒指

сережка

耳環

шапка

便帽

плічка

衣架

капелюх

帽子

краватка

領帶

застібка-блискавка

拉鍊

шолом

安全帽

підтяжки

背帶

шкільна форма

校服

уніформа

制服

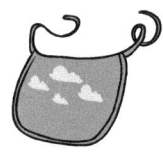

нагрудник

圍兜

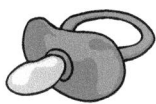

соска

安撫奶嘴

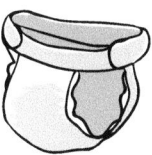

підгузок

尿布

офіс

辦公室

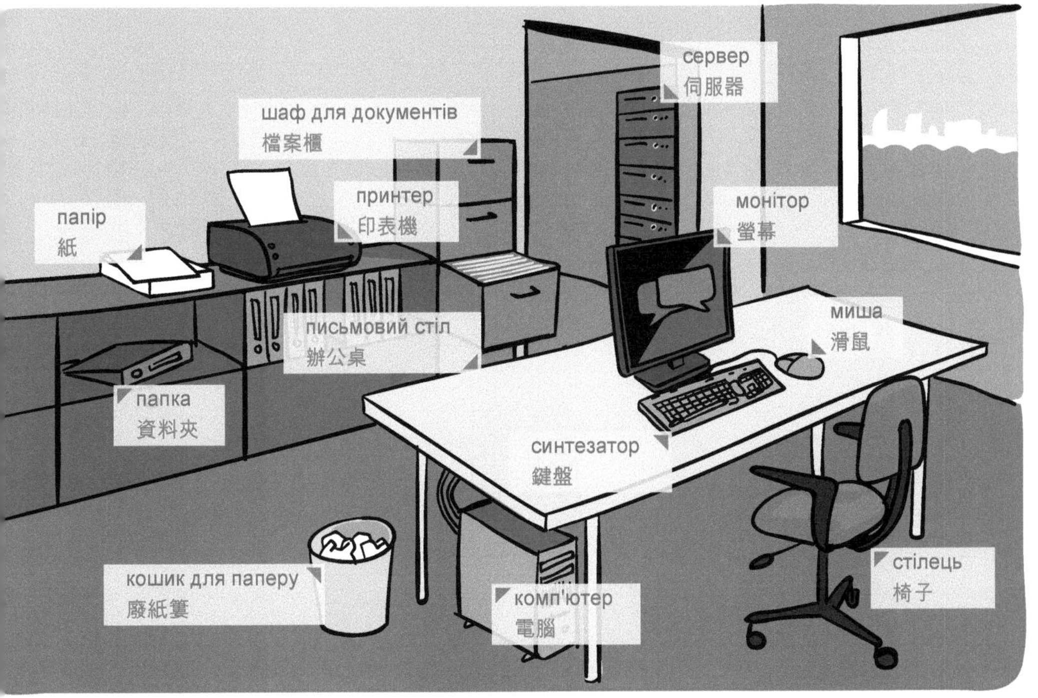

сервер
伺服器
шаф для документів
檔案櫃
папір
紙
принтер
印表機
монітор
螢幕
миша
滑鼠
письмовий стіл
辦公桌
папка
資料夾
синтезатор
鍵盤
кошик для паперу
廢紙簍
комп'ютер
電腦
стілець
椅子

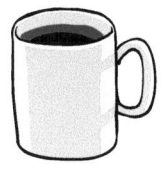

кавовий кухоль

咖啡杯

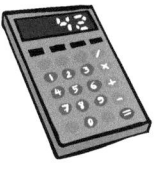

калькулятор

計算機

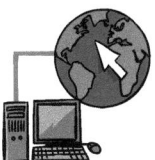

інтернет

網際網路

ноутбук

筆記型電腦

лист

信件

повідомлення

簡訊

мобільний телефон

行動電話

мережа

網路

копіювальний пристрій

影印機

програмне забезпечення

軟體

телефон

電話

розетка

插座

факс

傳真機

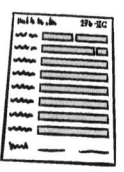

бланк

表格

документ

檔案

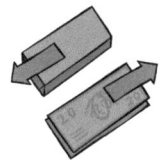

купувати

買

платити

付錢

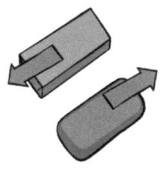

торгувати

交易

гроші

現金

долар

美元

євро

歐元

ієна

日元

рубль

盧布

франк

瑞士法郎

юанів женьміньбі

人民幣

рупія

盧比

банкомат

提款處

обмінний пункт

外幣兌換處

золото

金

срібло

銀

нафта

石油

енергія

能源

ціна

價格

контракт

合約

податок

稅金

акція

股票

працювати

工作

працівник

職員

роботодавець

老闆

фабрика

工廠

магазин

商店

професії
職業

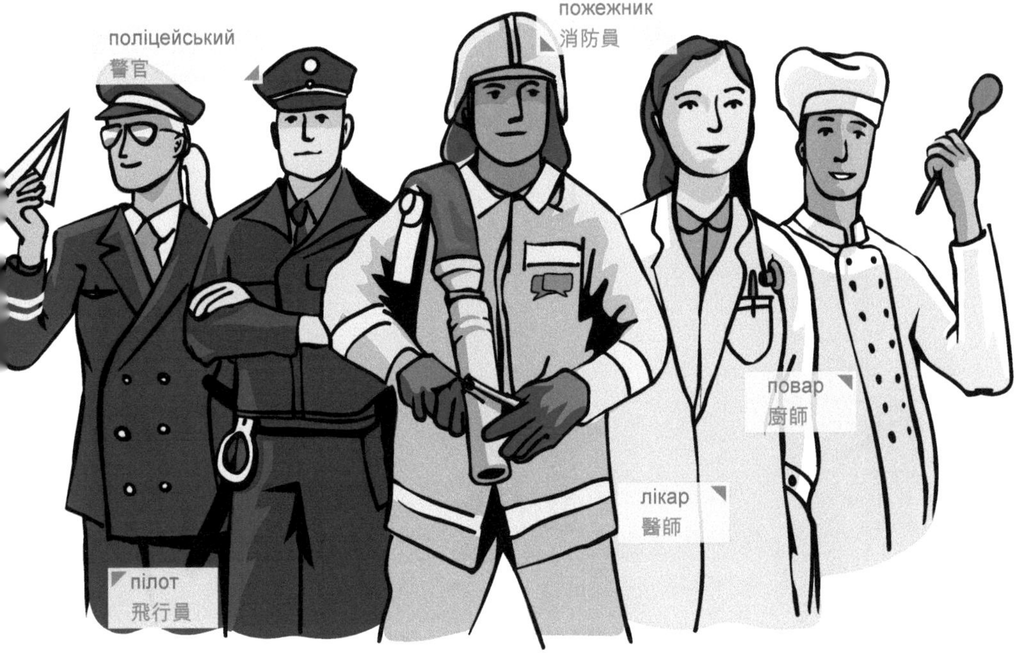

поліцейський
警官
пожежник
消防員
повар
廚師
лікар
醫師
пілот
飛行員

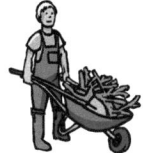

садівник
園丁

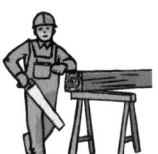

столяр
木匠

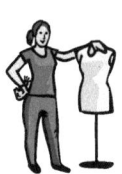

швачка
裁縫

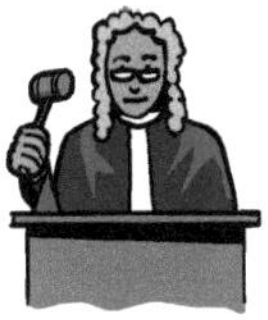

суддя
法官

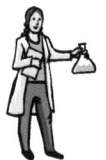

хімік
化學家

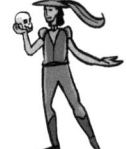

актор
演員

водій автобуса

公車司機

таксист

計程車司機

рибалка

漁夫

прибиральниця

清洗女工

покрівельник

屋頂工

офіціант

服務生

мисливець

獵人

художник

畫家

пекар

麵包師

електрик

電工

будівельник

建築工人

інженер

工程師

забійник

屠夫

бляхар

水管工

листоноша

郵差

солдат

士兵

архітектор

建築師

касир

收銀員

флорист

花農

перукар

理髮師

кондуктор

售票員

механік

機械技師

капітан

船長

дантист

牙醫

вчений

科學家

рабин

拉比

імам

伊瑪目

монах

和尚

пастор

牧師

інструменти

工具

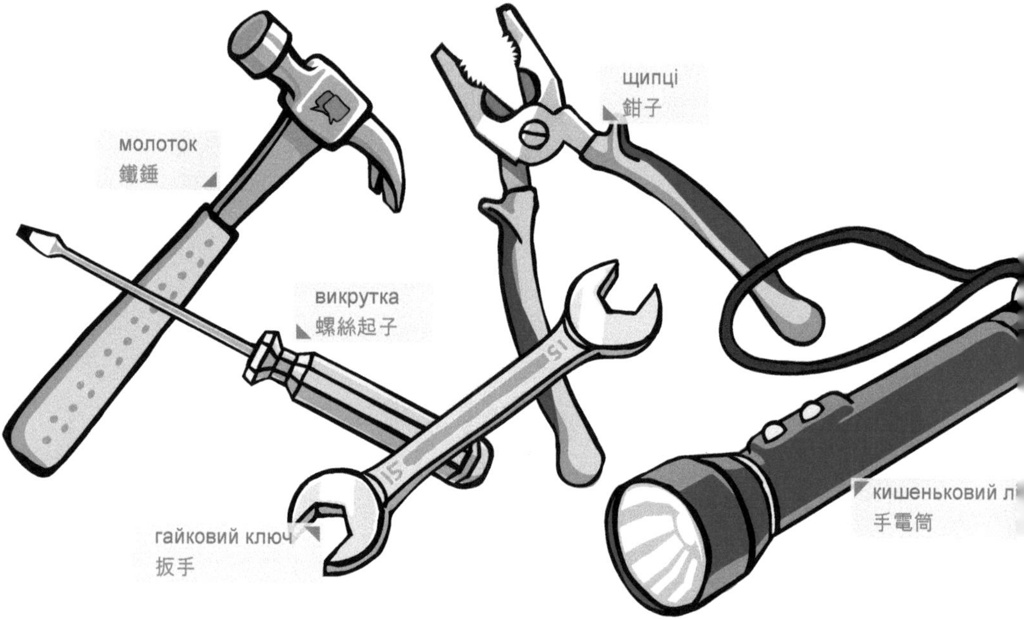

молоток
鐵錘
щипці
鉗子
викрутка
螺絲起子
кишеньковий л
手電筒
гайковий ключ
扳手

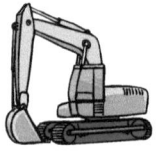

екскаватор

挖掘機

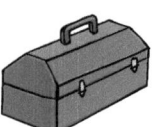

ящик для інструментів

工具箱

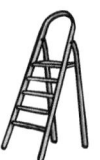

драбина

梯子

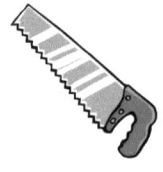

пилка

鋸子

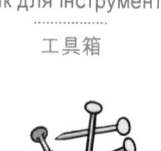

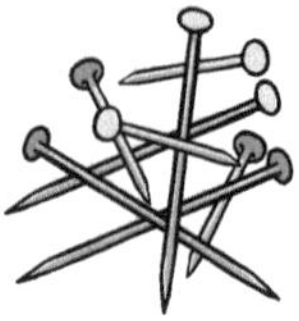

цвяхи

釘子

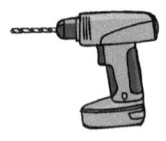

свердло

鑽機

ремонтувати

修

лопата

鏟子

лайно!

糟糕！

совок

畚箕

відро з фарбою

油漆桶

гвинти

螺絲

музичні інструменти

樂器

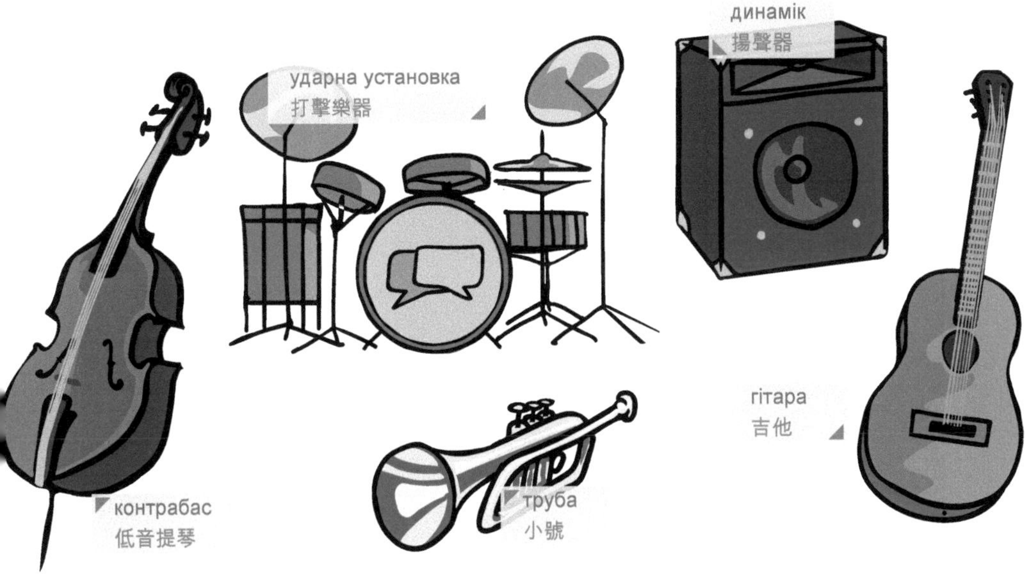

динамік
揚聲器

ударна установка
打擊樂器

гітара
吉他

контрабас
低音提琴

труба
小號

фортепіано

鋼琴

скрипка

小提琴

бас

貝斯

литаври

定音鼓

барабан

鼓

клавіатура

電子琴

саксофон

薩克斯風

флейта

長笛

мікрофон

麥克風

зоопарк
動物園

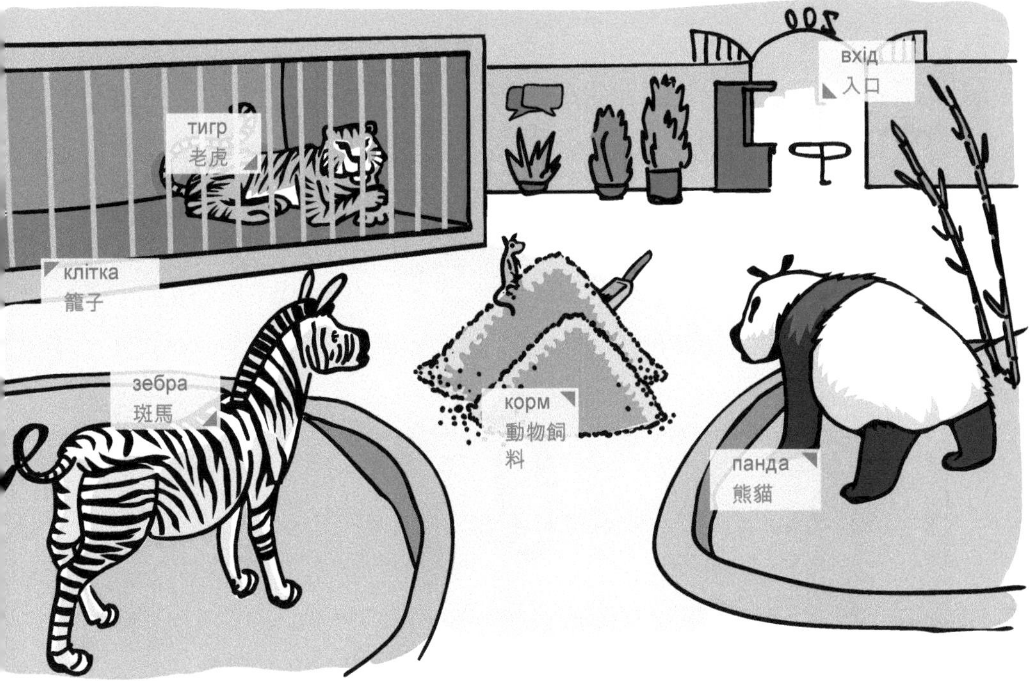

вхід
入口
тигр
老虎
клітка
籠子
зебра
斑馬
корм
動物飼料
панда
熊貓

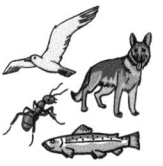

тварини

動物

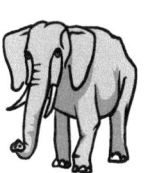

слон

大象

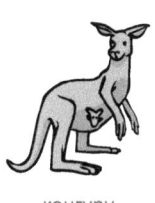

кенгуру

袋鼠

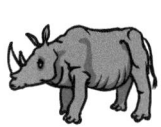

носоріг

犀牛

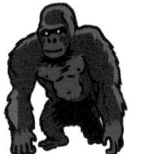

горила

大猩猩

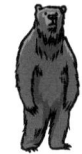

ведмідь

熊

верблюд

駱駝

страус

鴕鳥

лев

獅子

мавпа

猴子

фламінго

紅鶴

папуга

鸚鵡

білий ведмідь

北極熊

пінгвін

企鵝

акула

鯊魚

павич

孔雀

змія

蛇

крокодил

鱷魚

працівник зоопарку

動物園管理員

тюлень

海豹

ягуар

美洲豹

поні

矮種馬

леопард

豹

гіпопотам

河馬

жираф

長頸鹿

орел

老鷹

кабан

野豬

риба

魚

черепаха

龜

морж

海象

лисиця

狐狸

газель

羚羊

американський футбол
橄欖球

їзда на велосипеді
騎腳踏車

теніс
網球

баскетбол
籃球

плавання
游泳

бокс
拳擊

хокей
冰球

футбол

美式足球

бадмінтон

羽毛球

легка атлетика

田徑

гандбол

手球

лижні перегони

滑雪

поло

馬球

стрибати
跳

обіймати
擁抱

сміятися
笑

йти
走路

співати
唱

мріяти
做夢

молитися
祈禱

цілувати
親吻

писати
書寫

малювати
畫

показувати
展示

тиснути
推

давати
給

брати
拿

мати

有

робити

做

бути

當

стояти

站

бігати

跑

тягнути

拉

кидати

丟

падати

摔倒

лежати

躺

очікувати

等待

носити

攜帶

сидіти

坐

одягати

穿衣

спати

睡覺

просипатися

醒來

дивитися

看

плакати

哭

гладити

擊

розчісувати

梳頭

розмовляти

交談

розуміти

明白

питати

問

слухати

聽

пити

喝

їсти

吃

прибирати

清理

любити

愛

варити

做飯

їхати

開車

літати

飛

йти під вітрилом

航行

рахувати

計算

читати

讀

вчитися

學習

працювати

工作

одружуватися

結婚

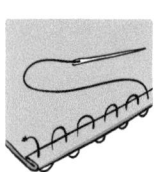

шити

縫

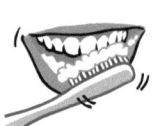

чистити зуби

刷牙

убивати

殺

курити

抽菸

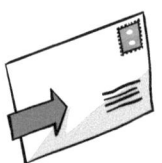

посилати

寄

бабуся
祖母

дідуся
祖父

батько
父親

мати
母親

немовля
嬰兒

донька
女兒

син
兒子

гість

客人

тітка

阿姨

дядько

叔叔

брат

兄弟

сестра

姐妹

тіло

身體

чоло
前額
око
眼睛
плече
肩膀
палець
手指
обличчя
臉
підборіддя
下巴
кисть
手
нога
腿
груди
乳房
рука
手臂

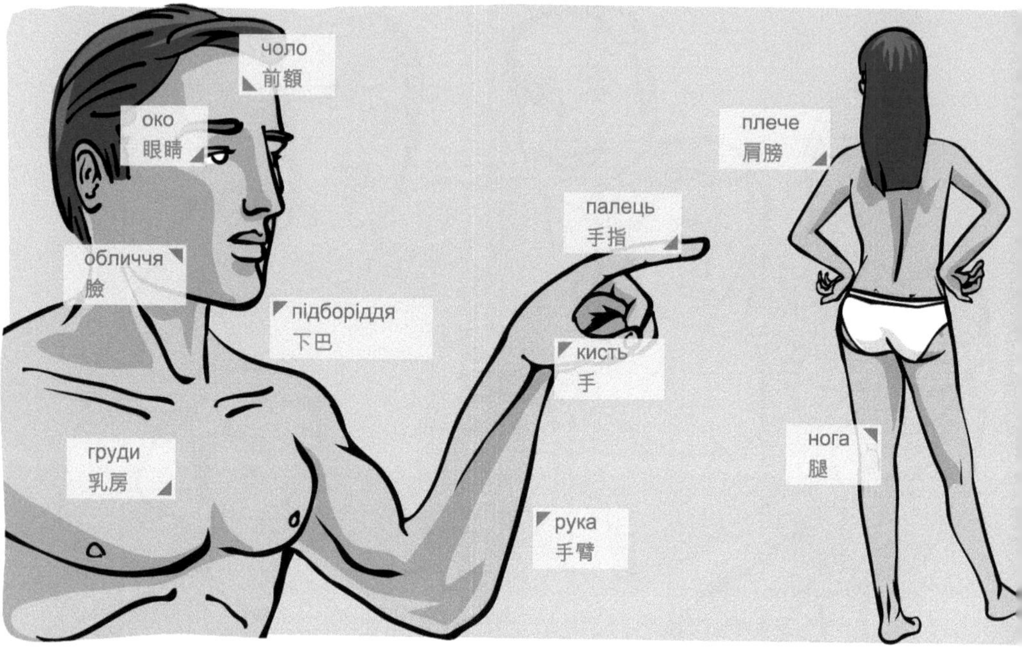

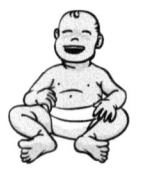

немовля

嬰兒

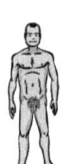

чоловік

男人

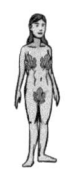

жінка

女人

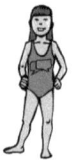

дівчина

女孩

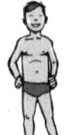

хлопчик

男孩

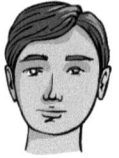

голова

頭

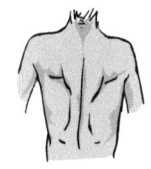

спина

背部

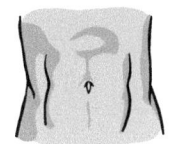

живіт

肚子

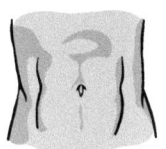

пуп

肚臍

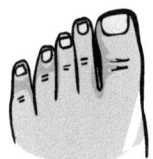

палець ноги

腳趾

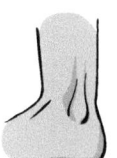

п'ята

腳後跟

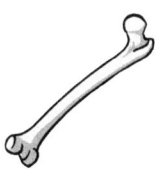

кістка

骨頭

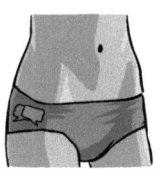

стегно

臀部

коліно

膝蓋

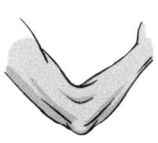

лікоть

手肘

ніс

鼻子

сідниці

屁股

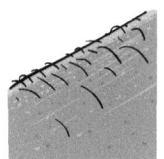

шкіра

皮膚

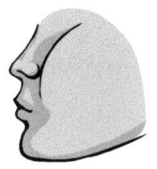

щока

臉頰

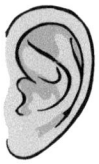

вухо

耳朵

губа

嘴唇

тіло - 身體

рот

嘴

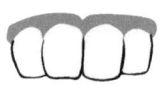

зуб

牙齒

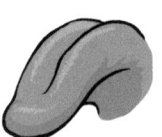

язик

舌頭

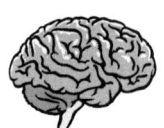

мозок

腦

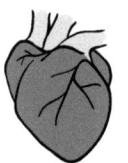

серце

心臟

м'яз

肌肉

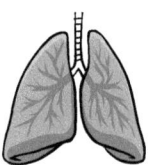

легені

肺

печінка

肝臟

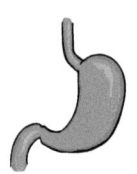

шлунок

胃

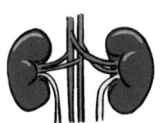

нирки

腎臟

статевий акт

性交

презерватив

保險套

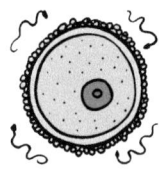

яйцеклітина

卵子

сперма

精子

вагітність

懷孕

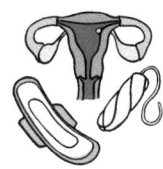

менструація

月事

вагіна

陰道

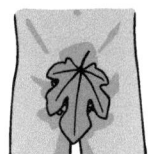

пеніс

陰莖

брова

眉毛

волосся

頭髮

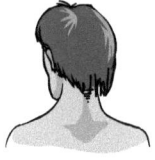

шия

脖子

тіло - 身體

лікарня
醫院

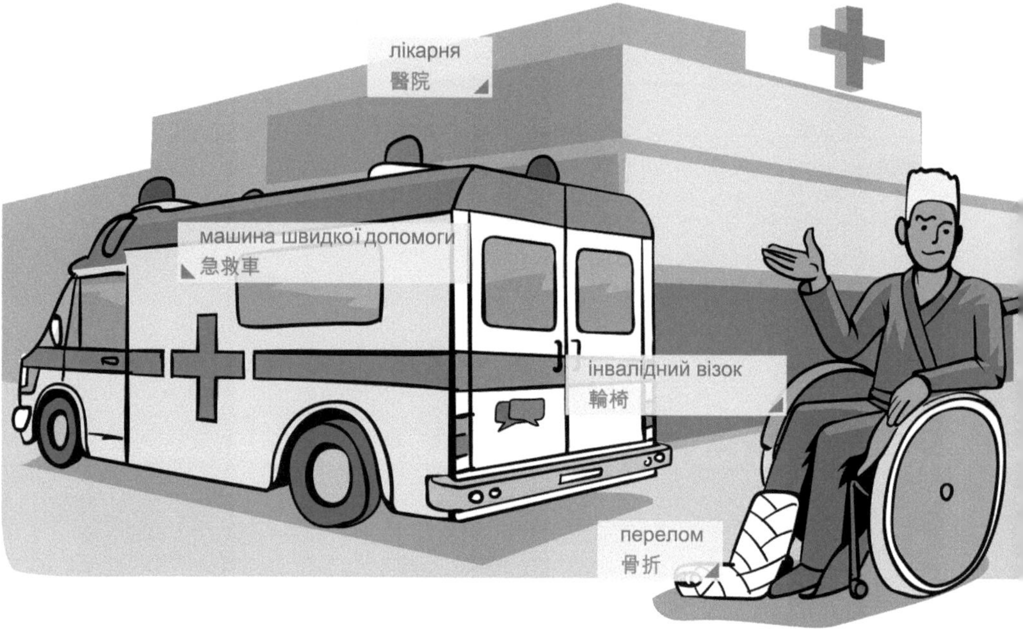

лікарня
醫院
машина швидкої допомоги
急救車
інвалідний візок
輪椅
перелом
骨折

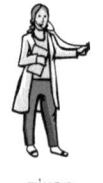

лікарня

醫師

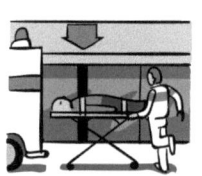

відділення швидкої медичної допомоги

急診室

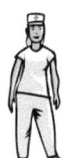

медсестра

護理師

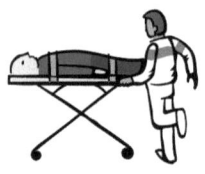

аварійний випадок

緊急情形

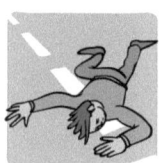

непритомний

昏迷

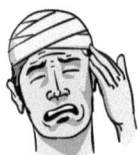

біль

痛

травма

受傷

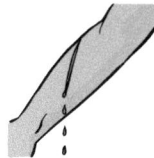

кровотеча

出血

інфаркт

心臟病發作

інсульт

中風

алергія

過敏

кашель

咳嗽

лихоманка

發燒

грип

流感

пронос

腹瀉

головна біль

頭痛

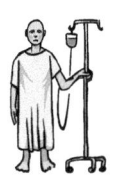

рак

癌症

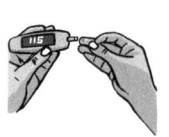

діабет

糖尿病

хірург

外科醫師

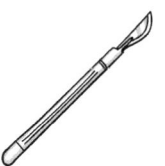

скальпель

手術刀

операція

手術

КТ

電腦斷層掃描

рентген

X光

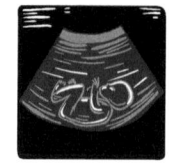

ультразвук

超音波

маска

口罩

хвороба

疾病

зал очікування

候診室

милиця

拐杖

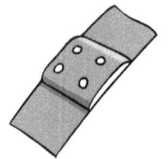

пластир

石膏

пов'язка

繃帶

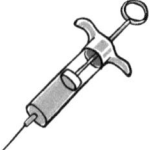

ін'єкція

注射

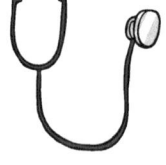

стетоскоп

聽診器

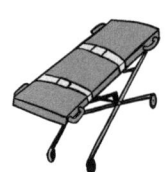

ноші

擔架

термометр

體溫計

народження

出生

надмірна вага

超重

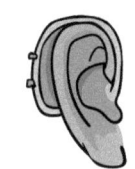

слуховий апарат

助聽器

дезінфікуючий засіб

消毒液

інфекція

感染

вірус

病毒

ВІЛ / СНІД

愛滋病

медицина

藥物

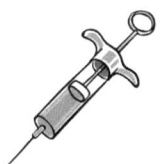

вакцинація

接種疫苗

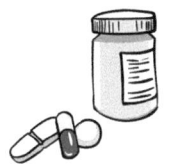

таблетки

藥片

протизаплідна пігулка

藥丸

екстрений виклик

急救電話

тонометр

血壓計

хворий / здоровий

生病/健康

Допоможіть!

救命！

сигнал тривоги

警報

напад

突擊

атака

攻擊

небезпека

危險

аварійний вихід

緊急出口

Вогонь!

失火了！

вогнегасник

滅火器

аварія

意外

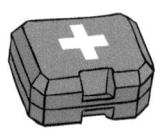

аптечка

急救箱

СОС

呼救訊號

поліція

員警

Європа

歐洲

Північна Америка

北美洲

Південна Америка

南美洲

Африка

非洲

Азія

亞洲

Австралія

澳洲

Атлантика

大西洋

Тихий океан

太平洋

Індійський океан

印度洋

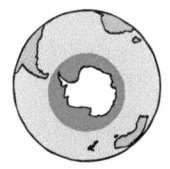

Антарктичний океан

南冰洋

Північний Льодовитий океан

北冰洋

Північний полюс

北極

Південний полюс

南極

Антарктика

南極洲

Земля

地球

суша

陸地

море

海

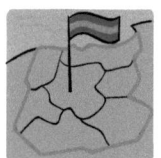

острів

島

нація

國家

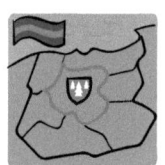

держава

州

циферблат

錶盤

годинникова стрілка

時針

хвилинна стрілка

分針

секундна стрілка

秒針

Котра година?

現在幾點？

день

天

час

時間

зараз

現在

цифровий годинник

電子錶

хвилина

分

година

時

Понеділок
週一

Середа
週三

П'ятниця
週五

Вівторок
週二

Четвер
週四

Субота
週六

Неділя
週日

вчора
昨天

сьогодні
今天

завтра
明天

ранок
早晨

опівдні
中午

вечір
晚上

робочі дні
工作日

кінець робочого тижня
週末

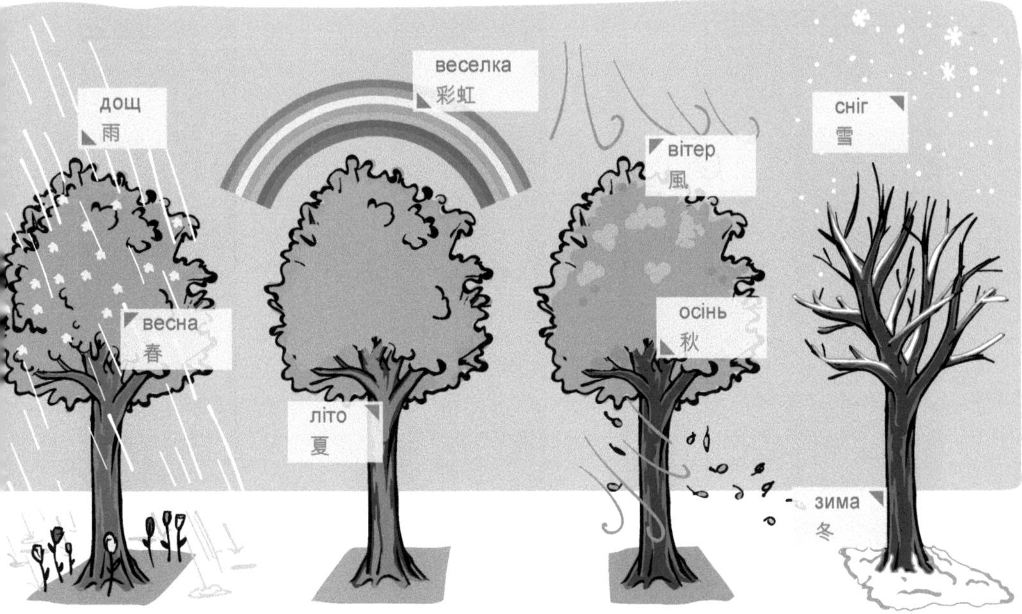

дощ
雨

веселка
彩虹

сніг
雪

весна
春

вітер
風

осінь
秋

літо
夏

зима
冬

прогноз погоди

天氣預告

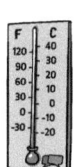

термометр

溫度計

сонячне світло

陽光

хмара

雲

туман

霧

вологість повітря

潮濕

блискавка

閃電

грім

打雷

шторм

風暴

град

冰雹

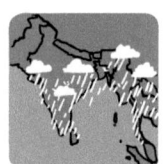

мусон

季風

повінь

洪水

лід

冰

Січень

一月

Лютий

二月

Березень

三月

Квітень

四月

Травень

五月

Червень

六月

Липень

七月

Серпень

八月

Вересень

九月

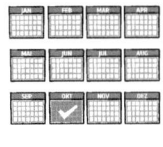

Жовтень

十月

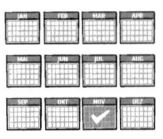

Листопад

十一月

Грудень

十二月

форми

形狀

круг

圓形

квадрат

正方形

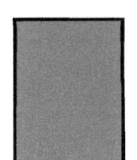

прямокутник

長方形

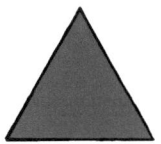

трикутник

三角形

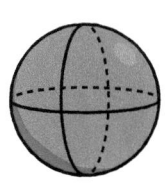

куля

球體

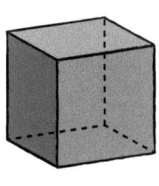

куб

立方體

форми - 形狀

білий

白

жовтий

黃

помаранчевий

橙

рожевий

粉

червоний

紅

фіолетовий

紫

синій

藍

зелений

綠

коричневий

棕

сірий

灰

чорний

黑

багато / мало

很多/少許

лютий / мирний

生氣/平靜

гарний / бридкий

美/醜

початок / кінець

首/尾

великий / малий

大/小

світлий / темний

明/暗

брат / сестра

兄弟/姐妹

чистий / брудний

乾淨/骯髒

завершений /
незавершений
完整/缺失

день / ніч

白天/晚上

мертвий / живий

死/生

широкий / вузький

寬/窄

їстівний / неїстівний

可食用/非食用

злий / дружній

邪惡/善良

збуджений / нудьгуючий

興奮/無聊

товстий / тонкий

胖/瘦

спочатку / востаннє

第一/最後

друг / ворог

朋友/敵人

повний / порожній

滿/空

жорсткий / м'який

硬/軟

важкий / легкий

重/輕

голод / спрага

餓/渴

хворий / здоровий

生病/健康

незаконний / законний

非法/合法

розумний / дурний

聰明/愚笨

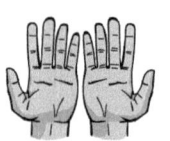

вліво / вправо

左/右

поруч / далеко

近/遠

новий / використаний

新/舊

нічого / щось

沒有/有些

старий / молодий

老/幼

вкл / викл

開/關

відкрито / закрито

打開/闔上

тихо / гучно

安靜/吵鬧

багатий / бідний

富/窮

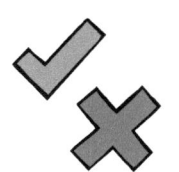

правильно / неправильно

對/錯

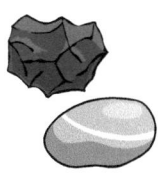

шорсткий / гладкий

粗糙/光滑

сумний / щасливий

傷心/高興

короткий / довгий

短/長

повільно / швидко

慢/快

вологий / сухий

濕/乾

гарячий / холодний

溫暖/涼爽

війна / мир

戰爭/和平

0

нуль

零

1

один

一

2

два

二

3

три

三

4

чотири

四

5

п'ять

五

6

шість

六

7

сім

七

8

вісім

八

9

дев'ять

九

10

десять

十

11

одинадцять

十一

12
дванадцять
十二

13
тринадцять
十三

14
чотирнадцять
十四

15
п'ятнадцять
十五

16
шістнадцять
十六

17
сімнадцять
十七

18
вісімнадцять
十八

19
дев'ятнадцять
十九

20
двадцять
二十

100
сто
百

1.000
тисяча
千

1.000.000
мільйон
百萬

англійська

英語

американська англійська

美式英語

китайська
високочиновницька

普通話

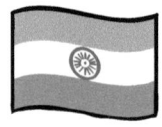

хінді

印地語

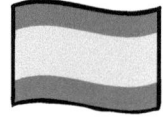

іспанська

西班牙語

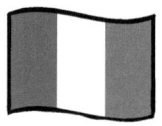

французька

法語

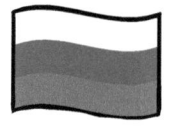

арабська

阿拉伯語

російська

俄語

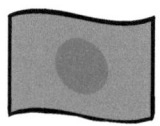

португальська

葡萄牙語

бенгальська

孟加拉語

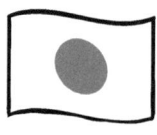

німецька

德語

японська

日語

я

我

ти

你

він / вона / воно

他/她/它

ми

我們

ви

你們

вони

他們

хто?

誰？

що?

什麼？

як?

如何？

де?

何處？

коли?

何時？

ім'я

名字

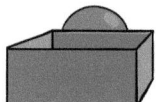

ззаду

後面

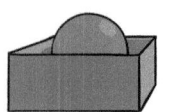

в

裡面

перед

前面

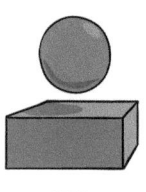

над

上方

на

上面

під

下麵

біля

旁邊

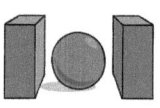

між

中間

місце

地點